Padre Agnaldo José

NOVENA E TERÇO A
São Gabriel

Dados Internacionais de Catalogação na Publicação (CIP)
(Câmara Brasileira do Livro, SP, Brasil)

Santos, Agnaldo José dos, 1967-
Novena e terço a São Gabriel / Pe. Agnaldo José. – São Paulo : Paulinas, 2021.
48 p. (Santos Anjos)

ISBN 978-65-5808-056-5

1. Gabriel (Arcanjo) – Orações e devoções 2. Gabriel (Arcanjo) – Novenas I. Título II. Série

21-0943 CDD 242.76

Índice para catálogo sistemático:

1. Gabriel (Arcanjo) – Orações e devoções 242.76

Angélica Ilacqua – Bibliotecária – CRB-8/7057

1ª edição – 2021

Direção-geral: *Flávia Reginatto*
Editora responsável: *Marina Mendonça*
Copidesque: *Ana Cecilia Mari*
Coordenação de revisão: *Marina Mendonça*
Revisão: *Sandra Sinzato*
Gerente de produção: *Felício Calegaro Neto*
Capa: *Tiago Filu*
Diagramação: *Ana Claudia Muta*

Nenhuma parte desta obra poderá ser reproduzida ou transmitida por qualquer forma e/ou quaisquer meios (eletrônico ou mecânico, incluindo fotocópia e gravação) ou arquivada em qualquer sistema ou banco de dados sem permissão escrita da Editora. Direitos reservados.

Paulinas
Rua Dona Inácia Uchoa, 62
04110-020 – São Paulo – SP (Brasil)
Tel.: (11) 2125-3500
http://www.paulinas.com.br – editora@paulinas.com.br
Telemarketing e SAC: 0800-7010081

© Pia Sociedade Filhas de São Paulo – São Paulo, 2021

    Muitas vezes nossa cruz pode estar pesada demais. Não compreendemos os planos de Deus para nossa vida, mas é preciso acreditar que, depois da noite escura, o sol vai brilhar. Que possamos receber muitas graças e bênçãos do céu pela intercessão de São Gabriel.

Introdução

Uma jovem aproximou-se de mim. Seu semblante demonstrava tristeza e preocupação. Abriu o coração e partilhou comigo o motivo de suas lágrimas: "Padre, estou casada há dois anos e, até agora, não conseguimos ter um filho. Meu marido e eu amamos crianças e o nosso maior sonho é sermos pais. Não sei por que Deus está fazendo isso conosco! O que nós fizemos para não sermos merecedores desse presente?". Ouvi, por quase uma hora suas lamentações, procurando mostrar-lhe que Deus não castiga os homens por seus pecados, pois ele é amor e misericórdia. Ela me pediu, então, que fizesse uma oração especial por aquela intenção. Quando se deseja ter um filho, sempre peço a intercessão do Arcanjo São Gabriel, o anunciador das boas notícias. Coloquei as mãos sobre a cabeça da jovem e clamei àquele que anunciou a Maria que ela seria a mãe do Salvador, para que desse esse presente ao casal.

Os meses se passaram. Em uma tarde, estava na igreja, atendendo as pessoas, quando observei aquela jovem chegando. Ela esperou sua vez. Ao entrar na sala, manifestou sua ira contra Deus: "Por que Jesus é tão injusto comigo? Estou decepcionada com ele". Eu quis saber o motivo. "Lembra que estive aqui pedindo a graça de ser mãe? Sabe o que Jesus me mandou? Um câncer!" Por alguns instantes, faltaram-me palavras. Então, olhei nos olhos dela e falei com fé: "Coragem! Creia! Jesus está cuidando de você. Agora, pode não entender a razão de tudo isso, mas os caminhos e os pensamentos de Deus são diferentes dos nossos".

Acompanhei seu calvário durante seis meses, sua luta contra o câncer. Foram dias de angústia, medo, incertezas, mas também de muita oração, perseverança e paciência. Ela terminou o tratamento e ficou curada, mas Deus tinha reservado coisas maiores para aquela jovem: poucos meses depois, ela engravidou de um menino, a quem deu o nome de João Gabriel, em homenagem a São Gabriel Arcanjo.

Convido você a rezar a novena e o terço a São Gabriel com toda a fé de seu coração. Muitas vezes nossa cruz pode estar pesada demais. Não compreendemos os planos de Deus para nossa vida, mas é preciso acreditar que, depois da noite escura, o amanhecer vai chegar, o sol vai brilhar. Que você possa, como essa jovem da história que contei, receber muitas graças e bênçãos do céu pela intercessão de São Gabriel.

1º Dia

São Gabriel, intercedei por nós!

Em nome do Pai, e do Filho, e do Espírito Santo. Amém.

Intenção para a novena

São Gabriel, este é o primeiro dia desta novena em vossa homenagem. Vós sois o anjo da Anunciação, a força de Deus, o mensageiro da luz divina. Neste momento, pedimos *(dizer a intenção)*. Queremos viver na graça de Deus, no amor à Santíssima Trindade.

Ladainha

Senhor, tende piedade de nós.
Cristo, tende piedade de nós.
Senhor, tende piedade de nós.
Jesus Cristo, ouvi-nos.
Jesus Cristo, atendei-nos.

Santa Maria, Mãe de Deus, rogai por nós.
Virgem das Virgens, rogai por nós.

São Gabriel Arcanjo, rogai por nós.
Anjo da pureza, rogai por nós.
Modelo de inocência, rogai por nós.
Exemplo de humildade, rogai por nós.
Esplendor de obediência, rogai por nós.
Anjo de amor, rogai por nós.
Favorito de Maria, rogai por nós.
Amado do coração de Maria, rogai por nós.
Poderoso intercessor, rogai por nós.
Amável defensor, rogai por nós.
Ajuda do aflito, rogai por nós.
Amigo dos pobres, rogai por nós.
Conforto dos necessitados, rogai por nós.
Esperança no sofrimento, rogai por nós.
Libertador dos oprimidos, rogai por nós.
Apoio do moribundo, rogai por nós.
Honra de todos os seus devotos, rogai por nós.
Triunfo da Igreja, rogai por nós.

Cordeiro de Deus que tirais o pecado do mundo,
perdoai-nos, Senhor.
Cordeiro de Deus que tirais o pecado do mundo,
atendei-nos, Senhor.
Cordeiro de Deus que tirais o pecado do mundo,
tende piedade de nós.

Rogai por nós, ó glorioso São Gabriel, anjo da pureza,
Para que sejamos dignos de suas promessas. Amém.

Oração

Anjo da encarnação, fiel mensageiro de Deus, abri nossos ouvidos para as mais leves admoestações e toques da graça, vindos do coração de Nosso Senhor. Permanecei sempre conosco. Nós vos suplicamos a compreensão da Palavra de Deus, para que sigamos suas inspirações e docilmente cumpramos aquilo que Deus espera de nós. Fazei que estejamos sempre prontos, vigilantes, para que o Senhor, quando passar por nós, não nos encontre dormindo.

Arcanjo São Gabriel, mensageiro das boas notícias, intercedei por nós para que tenhamos no coração a verdadeira alegria (repetir três vezes).

2º Dia

Força de Deus

Em nome do Pai, e do Filho, e do Espírito Santo. Amém.

Salmo 17

Eu vos amo, Senhor, minha força!
O Senhor é o meu rochedo,
minha fortaleza e meu libertador.
Meu Deus é a minha rocha, onde encontro o meu refúgio,
meu escudo, força de minha salvação e minha cidadela.

Invoco o Senhor, digno de todo louvor,
e fico livre dos meus inimigos.
Circundavam-me os vagalhões da morte,
torrentes devastadoras me atemorizavam,
enlaçavam-me as cadeias da habitação dos mortos,
a própria morte me prendia em suas redes.

Na minha angústia, invoquei o Senhor,
gritei para meu Deus: do seu templo ele ouviu a minha voz,
e o meu clamor em sua presença chegou aos seus ouvidos.

Investiram contra mim no dia do meu infortúnio,
mas o Senhor foi o meu arrimo; pôs-me a salvo e livrou-me,
porque me ama.

O Senhor me tratou segundo a minha inocência,
retribuiu-me segundo a pureza de minhas mãos,
porque guardei os caminhos do Senhor
e não pequei separando-me do meu Deus.
Tenho diante dos olhos todos os seus preceitos
e não me desvio de suas leis.

Senhor, sois vós que fazeis brilhar o meu farol,
sois vós que dissipais as minhas trevas.
Quem me cinge de coragem e aplana o meu caminho.

Vós me dais o escudo que me salva.
Vossa destra me sustém,
e vossa bondade me engrandece.
Por isso vos louvarei, ó Senhor,
entre as nações e celebrarei o vosso nome.

Meditação

"Eu falava ainda, pedindo, confessando meu pecado e o de meu povo de Israel, depositando aos pés do Senhor, meu Deus, minha súplica pelo seu monte santo; não havia terminado essa prece, quando se aproximou de mim, num relance (era a hora da oblação da noite), Gabriel, o ser que eu havia visto antes, em visão. Deu-me, para meu conhecimento, as seguintes explicações: 'Daniel, vim aqui agora para te informar.

Apenas havias iniciado a tua oração e uma palavra foi pronunciada; eu venho desvendá-la a ti, porque és um homem de predileção. Presta pois atenção a este oráculo e compreende bem a sua revelação: setenta semanas foram fixadas a teu povo e à tua cidade santa para dar fim à prevaricação, selar os pecados e expiar a iniquidade, para instaurar uma justiça eterna, encerrar a visão e a profecia e ungir o Santo dos Santos'" (Dn 9,20-24).

Este texto nos mostra o Arcanjo Gabriel indo ao encontro do jovem profeta Daniel. Na época, o povo de Deus estava sob o domínio de Nabucodonosor, rei da Babilônia. Todos deveriam adorá-lo como deus, mas Daniel e outros jovens se recusaram a fazer isso e passaram a ser perseguidos. Então, o Senhor enviou do céu o Arcanjo Gabriel, força de Deus, para ajudá-los nos momentos de sofrimento. Peçamos a intercessão de São Gabriel para que sejamos fortes e perseverantes, especialmente, nos momentos de perseguição.

Oração

São Gabriel, força de Deus, muitas vezes nos sentimos fracos diante das perseguições dos inimigos, do sofrimento, das dificuldades que a vida nos traz. Ajudai-nos na luta contra o pecado. Dai-nos um coração puro, capaz de experimentar o amor de Deus, sobretudo nos momentos em que nos sentirmos sós na estrada da vida.

São Gabriel, ficai sempre ao nosso lado. Dai-nos força e coragem na caminhada desta vida (repetir três vezes).

3º Dia

Mensageiro da esperança

Em nome do Pai, e do Filho, e do Espírito Santo. Amém.

Cântico de Zacarias (Lucas 1,68-79)

Bendito seja o Senhor, Deus de Israel,
porque visitou e resgatou o seu povo,
e suscitou-nos um poderoso Salvador,
na casa de Davi, seu servo,
como havia anunciado, desde os primeiros tempos,
mediante os seus santos profetas,
para nos livrar dos nossos inimigos
e das mãos de todos os que nos odeiam.

Assim exerce a sua misericórdia com nossos pais,
e se recorda de sua santa aliança,
segundo o juramento que fez a nosso pai Abraão:
de nos conceder que, sem temor, libertados de mãos inimigas,
possamos servi-lo em santidade e justiça,
em sua presença, todos os dias da nossa vida.

E tu, menino, serás chamado profeta do Altíssimo,
porque precederás o Senhor e lhe prepararás o caminho,
para dar ao seu povo conhecer a salvação,
pelo perdão dos pecados.

Graças à ternura e misericórdia de nosso Deus,
que nos vai trazer do alto a visita do sol nascente,
que há de iluminar os que jazem nas trevas
e na sombra da morte
e dirigir os nossos passos no caminho da paz.

Meditação

"Nos tempos de Herodes, rei da Judeia, houve um sacerdote por nome Zacarias, da classe de Abias; sua mulher, descendente de Aarão, chamava-se Isabel. Ambos eram justos diante de Deus e observavam, irrepreensivelmente, todos os mandamentos e preceitos do Senhor. Mas não tinham filho, porque Isabel era estéril e ambos de idade avançada. Ora, exercendo Zacarias, diante de Deus, as funções de sacerdote, na ordem da sua classe, coube-lhe, por sorte, segundo o costume em uso entre os sacerdotes, entrar no santuário do Senhor e aí oferecer o perfume. Todo o povo estava de fora, à hora da oferenda do perfume. Apareceu-lhe então um anjo do Senhor, em pé, à direita do altar do perfume. Vendo-o, Zacarias ficou perturbado, e o temor assaltou-o. Mas o anjo disse-lhe: 'Não temas, Zacarias, porque foi ouvida a tua oração: Isabel, tua mulher, dar-te-á um filho, e chamá-lo-á João. Ele será para ti motivo de gozo e alegria, e muitos se alegrarão com o seu nascimento; porque será grande diante do Senhor e não beberá vinho e, desde o ventre de sua mãe, será cheio do Espírito Santo; ele converterá muitos dos filhos de Israel ao Senhor, seu Deus, e irá adiante de Deus com o espírito e poder de Elias para reconduzir os corações dos pais aos filhos e os rebeldes à sabedoria dos justos, para preparar ao Senhor um povo bem-disposto'. Zacarias perguntou ao anjo: 'Donde terei certeza disto? Pois sou velho e minha mulher é de idade avançada'. O anjo respondeu-lhe: 'Eu sou Gabriel, que assisto diante de Deus, e fui enviado para te falar e te trazer esta feliz nova'" (Lc 1,5-19).

Antes de vir ao encontro de Maria Santíssima, o Arcanjo Gabriel fez o anúncio do nascimento de João Batista, o precursor de Jesus, aquele que vinha preparar o caminho do Senhor. Zacarias e Isabel não tinham mais esperança de serem pais. Tinham idade avançada, e Isabel era estéril. Contudo, com a visita de São Gabriel, Isabel concebeu e toda sua casa se encheu de alegria.

Peçamos neste dia da novena que Jesus reacenda a chama da esperança que, muitas vezes, está apagada em nosso coração. Que São Gabriel visite nosso templo interior e incendeie nossa alma com o fogo do Espírito Santo, para que possamos cantar como Zacarias: "Bendito seja o Senhor".

Oração

São Gabriel, muitas vezes perdemos a esperança, achamos que nosso problema não tem mais solução. Vinde em nosso auxílio. Como fizestes com Zacarias e Isabel, ajudai-nos a olhar a vida com fé, crendo que o Senhor vai realizar o milagre de que tanto necessitamos, como fez com os pais de São João Batista.

São Gabriel, mensageiro da esperança, vinde em nosso auxílio. Fecundai nosso coração com a Palavra de Deus (repetir três vezes).

4º Dia

Alegra-te, cheia de graça

Em nome do Pai, e do Filho, e do Espírito Santo. Amém.

Salmo 1

Feliz quem não segue o conselho dos maus,
não anda pelo caminho dos pecadores
nem toma parte nas reuniões dos zombadores,
mas, na lei do Senhor, encontra sua alegria
e nela medita dia e noite.

Ele será como uma árvore plantada à beira de um riacho,
que dá fruto no devido tempo;
suas folhas nunca murcham;
e, em tudo quanto faz, sempre tem êxito.

Os maus, porém, não são assim;
são como a palha carregada pelo vento.
Por isso não poderão enfrentar o julgamento
e os pecadores não têm vez na reunião dos justos.
Pois o Senhor protege a caminhada dos justos,
mas o caminho dos maus leva à desgraça.

Meditação

"Quando Isabel estava no sexto mês, o anjo Gabriel foi enviado por Deus a uma cidade da Galileia, chamada Nazaré, a uma virgem prometida em casamento a um homem de nome José, da casa de Davi. A virgem se chamava Maria. O anjo entrou onde ela estava e disse: 'Alegra-te, cheia de graça! O Senhor está contigo'. Ela perturbou-se com estas palavras e começou a pensar qual seria o significado da saudação. O anjo, então, disse: 'Não tenhas medo, Maria! Encontraste graça junto a Deus. Conceberás e darás à luz um filho, e lhe porás o nome de Jesus. Ele será grande; será chamado Filho do Altíssimo, e o Senhor Deus lhe dará o trono de Davi, seu pai. Ele reinará para sempre sobre a descendência de Jacó, e o seu reino não terá fim'. Maria, então, perguntou ao anjo: 'Como acontecerá isso, se eu não conheço homem?' O anjo respondeu: 'O Espírito Santo descerá sobre ti, e o poder do Altíssimo te cobrirá com a sua sombra. Por isso, aquele que vai nascer será chamado santo, Filho de Deus. Também Isabel, tua parenta, concebeu um filho na sua velhice. Este já é o sexto mês daquela que era chamada estéril, pois para Deus nada é impossível'. Maria disse: 'Eis aqui a serva do Senhor! Faça-se em mim segundo a tua palavra'. E o anjo retirou-se" (Lc 1,26-38).

São Gabriel foi enviado do céu para anunciar a Maria que ela seria mãe do Salvador. Quatro frases do arcanjo são proféticas, também para nós, nestes tempos difíceis pelos quais passamos: "Alegra-te", "O Senhor está contigo", "Não tenhas medo", "Para Deus nada é impossível". Quantas vezes deixamos a tristeza invadir nossa alma, reclamamos, murmuramos, desanimamos. Falta-nos vontade de lutar, por esquecermos que Deus está conosco! Como diz São Paulo, "Se Deus é por nós, quem será contra nós?" (Rm 8,31). Por que temos tanto medo de sair de nós mesmos e de nos abrir ao amor de Deus e ao amor por nossos irmãos? Devemos sempre lembrar que nosso Deus é o Deus do impossível! Maria acreditou nas palavras do anjo e disse "sim" à divina vontade do Pai.

Que São Gabriel nos ajude a também dizer "sim" àquilo que Deus preparou para cada um de nós.

Oração

São Gabriel, vós fostes enviado do céu para anunciar a Maria que ela seria a Mãe do Salvador, Nosso Senhor Jesus Cristo. Saudando-a como a "cheia de graça", revelastes sua pureza e santidade. Ela fora concebida sem a mancha do pecado original, em vista de sua missão. Protegei-nos, São Gabriel, na nossa luta contra as forças do mal. Que possamos viver na graça de Deus, crendo que o Senhor é o Deus do impossível.

São Gabriel Arcanjo, intercedei por nós para que tenhamos um coração imaculado, como o de nossa Mãe, Maria Santíssima (repetir três vezes).

5º Dia

Glória a Deus nas alturas

Em nome do Pai, e do Filho, e do Espírito Santo. Amém.

Salmo 145

Ó Deus, meu rei, quero exaltar-te
e bendizer teu nome eternamente e para sempre.
Quero bendizer-te todo dia,
louvar teu nome eternamente e para sempre.

Grande é o Senhor e digno de todo louvor,
não se pode medir sua grandeza.
O Senhor é clemente e misericordioso,
lento para a ira e rico de graça.
O Senhor é bom para com todos,
compassivo com todas as suas criaturas.

Que todas as tuas obras te louvem, Senhor,
e te bendigam os teus fiéis.
Proclamem a glória do teu Reino
e falem do teu poder,

para manifestar aos homens os teus prodígios
e a esplêndida glória do teu Reino.
Teu Reino é Reino de todos os séculos,
teu domínio se estende a todas as gerações.

Fiel é o Senhor em suas palavras,
santo em todas as suas obras.
O Senhor ampara todos os que caem
e reergue todos os combalidos.
Os olhos de todos em ti esperam
e tu lhes forneces o alimento na hora certa.
Abres a mão e sacias o desejo de todo ser vivo.

O Senhor é justo em todos os seus caminhos,
santo em todas as suas obras.
O Senhor está perto de todos os que o invocam,
dos que o invocam de coração sincero.
Satisfaz o desejo dos que o temem,
escuta o seu clamor e os salva.
O Senhor protege todos os que o amam,
mas destrói todos os ímpios.
Que minha boca fale o louvor do Senhor
e todo ser vivo bendiga o seu nome santo,
eternamente e para sempre.

Meditação

"Naqueles dias, saiu um decreto do imperador Augusto mandando fazer o recenseamento de toda a terra – o primeiro recenseamento, feito quando Quirino era governador da Síria. Todos iam registrar-se, cada um na sua cidade. Também José, que era da família e da descendência de Davi, subiu da cidade de Nazaré, na Galileia, à cidade de Davi, chamada Belém, na Judeia, para registrar-se com Maria, sua esposa, que estava grávida. Quando estavam ali, chegou o tempo do parto. Ela deu à luz o seu filho primogênito, envolveu-o em faixas e deitou-o numa manjedoura, porque não havia lugar para eles na hospedaria. Havia naquela região pastores que passavam a noite nos campos, tomando conta do rebanho. Um anjo do Senhor lhes apareceu, e a glória do Senhor os envolveu de luz. Os pastores ficaram com muito medo. O anjo então lhes disse: 'Não tenhais medo! Eu vos anuncio uma grande alegria, que será também a de todo o povo: hoje, na cidade de Davi, nasceu para vós o Salvador, que é o Cristo Senhor! E isto vos servirá de sinal: encontrareis um recém-nascido, envolto em faixas e deitado numa manjedoura'. De repente, juntou-se ao anjo uma multidão do exército celeste cantando a Deus: 'Glória a Deus no mais alto dos céus, e na terra, paz aos que são do seu agrado!' Quando os anjos se afastaram deles, para o céu, os pastores disseram uns aos outros: 'Vamos a Belém, para ver a realização desta palavra que o Senhor nos deu a conhecer'. Foram, pois, às pressas a Belém e encontraram Maria e José, e o recém-nascido deitado na manjedoura. Quando o viram, contaram as palavras que lhes tinham sido ditas a respeito do menino. Todos os que ouviram os pastores ficavam admirados com aquilo que contavam. Maria, porém, guardava todas estas coisas, meditando-as no seu coração. Os pastores retiraram-se, louvando e glorificando a Deus por tudo o que tinham visto e ouvido, de acordo com o que lhes tinha sido dito" (Lc 2,1-20).

Na pequenina Belém, nasceu o Salvador. A menor das cidades de Israel foi o lugar escolhido por Deus para nascer. "Belém" significa "casa do pão". Jesus, Pão Vivo descido do céu, está no meio de nós. Deitado na manjedoura, cercado por animais, recebe o carinho de Maria, José e o louvor dos santos anjos. Eles vêm do céu, cantando "glória". Céu e terra se abraçam. Como ensina o Papa Emérito Bento XVI, todos podem contemplar, deitado na manjedoura, o Menino Jesus, o "rosto divino do homem e o rosto humano de Deus".

Que São Gabriel nos leve a adorar o Senhor, a dobrar nossos joelhos diante daquele que veio nos trazer a salvação. Assim, nosso coração vai ficar cheio de alegria e, com os anjos, cantaremos "Glória a Deus no mais alto dos céus, e na terra, paz aos que são do seu agrado!".

Oração

São Gabriel, na noite do nascimento de Jesus, os anjos cantaram "Glória a Deus no mais alto dos céus". Muitas vezes, ficamos com o coração fechado ao louvor; não glorificamos o Senhor por tantas maravilhas que ele faz em nossa vida. Ensinai-nos a louvar e bendizer a Deus, que jamais nos deixa abandonados.

São Gabriel, ensinai-nos a louvar o Senhor nas alegrias e tristezas, no sofrimento e na vitória (repetir três vezes).

6º Dia

Ofertar nossa vida a Deus

Em nome do Pai, e do Filho, e do Espírito Santo. Amém.

Salmo 71

Deus, dá ao rei teu julgamento,
ao filho do rei a tua justiça;
para que governe teu povo com justiça
e com retidão os teus pobres.
As montanhas tragam a paz ao povo
e as colinas lhe tragam justiça.
Aos pobres do seu povo fará justiça,
salvará os filhos dos pobres e abaterá o opressor.

Seu reino durará quanto o sol,
quanto a lua, por todos os séculos.
Descerá como a chuva sobre a erva,
como a água que molha a terra.
Nos seus dias, florescerá a justiça
e haverá paz em abundância, enquanto existir a lua.

E dominará de um mar a outro,
do rio até os confins da terra.

Diante dele se curvarão os habitantes do deserto,
seus inimigos beijarão o pó da terra.
Os reis de Társis e das ilhas vão trazer-lhe ofertas,
os reis da Arábia e de Sabá vão pagar-lhe tributo.
Que o adorem todos os reis da terra,
e o sirvam todas as nações.
Ele libertará o pobre que invoca
e o indigente que não acha auxílio;
terá piedade do fraco e do pobre,
e salvará a vida de seus indigentes.

Seu nome dure para sempre,
diante do sol permaneça seu nome.
Nele serão abençoadas todas as raças da terra
e todos os povos vão proclamá-lo feliz.
Bendito o Senhor, Deus de Israel, o único que faz prodígios!
E bendito o seu nome glorioso para sempre,
da sua glória se encha toda a terra. Amém.

Meditação

"Depois que Jesus nasceu na cidade de Belém da Judeia, na época do rei Herodes, alguns magos do Oriente chegaram a Jerusalém, perguntando: 'Onde está o rei dos judeus que acaba de nascer? Vimos a sua estrela no Oriente e viemos adorá-lo'. Ao saber disso, o rei Herodes ficou alarmado, assim como toda a cidade de Jerusalém. Ele reuniu todos os sumos sacerdotes e os escribas do povo, para perguntar-lhes onde o Cristo deveria nascer.

Responderam: 'Em Belém da Judeia, pois assim escreveu o profeta: E tu, Belém, terra de Judá, de modo algum és a menor entre as principais cidades de Judá, porque de ti sairá um príncipe que será o pastor do meu povo, Israel'. Então Herodes chamou, em segredo, os magos e procurou saber deles a data exata em que a estrela tinha aparecido. Depois, enviou-os a Belém, dizendo: 'Ide e procurai obter informações exatas sobre o menino. E, quando o encontrardes, avisai-me, para que também eu vá adorá-lo'. Depois que ouviram o rei, partiram. E a estrela que tinham visto no Oriente ia à frente deles, até parar sobre o lugar onde estava o menino. Ao observarem a estrela, os magos sentiram uma alegria muito grande. Quando entraram na casa, viram o menino com Maria, sua mãe. Ajoelharam-se diante dele e o adoraram. Depois abriram seus cofres e lhe ofereceram presentes: ouro, incenso e mirra. Avisados em sonho para não voltarem a Herodes, retornaram para a sua terra, passando por outro caminho" (Mt 2,1-12).

Jesus é a luz das nações. Veio à terra para salvar a humanidade mergulhada no pecado. Não veio somente para seu povo, os judeus, mas para anunciar a boa notícia do Evangelho a todos os povos e nações. Os magos do Oriente representam aqueles que se abrem ao amor de Deus, que são capazes de ver os sinais da presença do Salvador aqui conosco, assim como esses mesmos magos viram naquela estrela que os levou a Jesus.

Peçamos a São Gabriel que abra nossos olhos para enxergarmos a presença divina em nosso coração. Que, a exemplo dos magos, possamos adorar Jesus e lhe entregar o maior presente que temos para lhe oferecer: a nossa vida!

Oração

São Gabriel, os magos do Oriente foram visitar o Menino Jesus e levaram-lhe presentes: ouro, porque Jesus é o Rei; incenso, porque ele é Deus; mirra, porque ele passou pelo sofrimento por amor a nós. Vinde em nosso auxílio, para que possamos ofertar a Jesus a nossa vida.

São Gabriel, os magos, para não voltarem a Herodes, seguiram por outro caminho, acompanhai nossos passos na caminhada com Jesus (repetir três vezes).

7º Dia

A travessia do deserto

Em nome do Pai, e do Filho, e do Espírito Santo. Amém.

Salmo 69

Senhor, livra-me;
vem depressa, Senhor, em meu auxílio.
Fiquem confusos e envergonhados
os que buscam tirar-me a vida;
caiam para trás e fiquem cobertos de ignomínia
os que se alegram com minha ruína.
Recuem, cobertos de vergonha,
os que zombam de mim.

Exultem e se alegrem em ti
todos os que te buscam; digam sempre:
"O Senhor é grande" os que desejam a tua salvação.
Eu porém sou pobre e infeliz;
Deus socorre-me!
Tu és meu auxílio e meu libertador,
Senhor, não demores.

Meditação

"Depois que os magos se retiraram, o anjo do Senhor apareceu em sonho a José e lhe disse: 'Levanta-te, toma o menino e sua mãe e foge para o Egito! Fica lá até que eu te avise, porque Herodes vai procurar o menino para matá-lo'. José levantou-se, de noite, com o menino e a mãe, e retirou-se para o Egito; e lá ficou até à morte de Herodes. Assim se cumpriu o que o Senhor tinha dito pelo profeta: 'Do Egito chamei o meu filho'. Quando Herodes percebeu que os magos o tinham enganado, ficou furioso. Mandou matar todos os meninos de Belém e de todo o território vizinho, de dois anos para baixo, de acordo com o tempo indicado pelos magos. Assim se cumpriu o que foi dito pelo profeta Jeremias: 'Ouviu-se um grito em Ramá, choro e grande lamento: é Raquel que chora seus filhos e não quer ser consolada, pois não existem mais'. Quando Herodes morreu, o anjo do Senhor apareceu em sonho a José, no Egito, e lhe disse: 'Levanta-te, toma o menino e sua mãe, e volta para a terra de Israel; pois já morreram aqueles que queriam matar o menino'. Ele levantou-se, com o menino e a mãe, e entrou na terra de Israel. Mas quando soube que Arquelau reinava na Judeia, no lugar de seu pai Herodes, teve medo de ir para lá. Depois de receber em sonho um aviso, retirou-se para a região da Galileia e foi morar numa cidade chamada Nazaré. Isso aconteceu para se cumprir o que foi dito pelos profetas: 'Ele será chamado nazareno'" (Mt 2,13-23).

Herodes quer matar o menino Jesus. A Sagrada Família vai para o desterro, para o Egito. Fica lá por três anos, em grande sofrimento, passando pela perseguição. Muitas vezes isso acontece conosco. Somos perseguidos, desprezados, humilhados em virtude de nossa fé, de nosso amor a Jesus Cristo. Contudo, vemos que Deus caminha conosco em todas as situações. Envia seu anjo em sonho a José para que fuja para o Egito e, depois, também quando já era possível retornar para casa.

Que o Arcanjo São Gabriel nos abençoe, proteja-nos, guarde-nos dos perigos e cuide de todos os que são perseguidos por causa da justiça, assim como dos refugiados e desterrados deste mundo.

Oração

São Gabriel, protetor da Sagrada Família, acompanhastes José, Maria e o Menino Jesus pelo deserto, na fuga para o Egito. Muitas vezes, enfrentamos o vazio na alma, a desesperança, as perseguições, e perdemos as forças. Caminhai a nossa frente nos momentos de desterro, animando-nos e livrando-nos de todos os perigos.

São Gabriel Arcanjo, velai pelas nossas famílias, especialmente nas perseguições e nos momentos difíceis de nossa vida (repetir três vezes).

8º Dia

Arcanjo da consolação

Em nome do Pai, e do Filho, e do Espírito Santo. Amém.

Salmo 21

Meu Deus, meu Deus, por que me abandonaste?
Ficas longe apesar do meu grito e das palavras do meu lamento?
Meu Deus, eu te chamo de dia e não respondes,
grito de noite e não encontro repouso.

Tu, porém, és o santo e habitas entre os louvores de Israel.
Em ti confiaram os nossos pais,
confiaram e tu os libertaste;
a ti gritaram e foram salvos,
esperando em ti não ficaram desiludidos.

Mas eu sou um verme, e não um homem,
infâmia dos homens, desprezo do povo.
Zombam de mim todos os que me veem,
torcem os lábios, sacodem a cabeça:
"Confiou no Senhor, que ele o salve;
que o livre, se é seu amigo".

Foste tu que me fizeste sair do seio materno,
fizeste-me descansar sobre o peito de minha mãe.
Quando nasci me acolheste,
desde o seio materno tu és o meu Deus.
Não fiques longe de mim, pois a angústia está próxima
e não há quem me ajude.
Traspassaram minhas mãos e meus pés,
posso contar todos os meus ossos.

Eles me olham, me observam,
repartem entre si as minhas roupas,
sobre minha túnica tiram a sorte.
Mas tu, Senhor, não fiques longe,
minha força, vem logo em meu socorro.

Anunciarei o teu nome aos meus irmãos,
vou te louvar no meio da assembleia.
Pois o Reino pertence ao Senhor, ele domina sobre as nações.
Só diante dele se prostrarão os que dormem debaixo do chão;
diante dele se curvarão os que descem ao pó da terra.
Quanto a mim, para ele viverei,
a ele servirá a minha descendência.

Meditação

"Jesus saiu e, como de costume, foi para o monte das Oliveiras. Os discípulos o acompanharam. Chegando ao lugar, Jesus lhes disse: 'Orai para não cairdes em tentação'. Então afastou-se dali, à distância de um arremesso de pedra, e, de joelhos, começou a orar. 'Pai, se quiseres, afasta de mim este cálice; contudo, não seja feita a minha vontade, mas a tua!' Apareceu-lhe um anjo do céu, que o fortalecia. Entrando em agonia, Jesus orava com mais insistência. Seu suor tornou-se como gotas de sangue que caíam no chão. Levantando-se da oração, Jesus foi para junto dos discípulos e encontrou-os dormindo, de tanta tristeza. E perguntou-lhes: 'Por que estais dormindo? Levantai-vos e orai, para não cairdes em tentação'" (Lc 22,39-46).

Depois de celebrar a Santa Ceia, em que lavou os pés dos discípulos e ensinou-lhes o mandamento do amor, "amai-vos uns aos outros como eu vos amei", Jesus foi para o monte das Oliveiras, acompanhado de Pedro, Tiago e João. Naquela angústia e solidão profundas, os discípulos dormiram. Não foram capazes de vigiar, de orar. Quanta dor e abandono! Muitas vezes, passamos também por momentos assim. A noite escura nos abraça; a cruz fica tão pesada que nos lança ao chão; pensamos em desistir. Nossa fé se enfraquece. Mas, nesse texto do Evangelho, vemos que Deus nunca nos abandona. Ainda que nossos melhores amigos durmam, o Senhor envia seu anjo para nos consolar.

São Gabriel anuncia as maravilhas do céu e está ao nosso lado nas horas difíceis.

Oração

São Gabriel, arcanjo da consolação, na hora mais difícil da vida de Jesus neste mundo, um anjo esteve a seu lado, dando-lhe força. Ele consolou, na agonia, aquele que passou a vida inteira confortando os pobres, doentes e pecadores.

Quantas são as vezes em que a angústia da morte nos envolve. Choramos, desfalecemos, caímos por terra, por isso, São Gabriel, ficai sempre conosco, dando-nos perseverança e firmeza na fé.

São Gabriel, consolador dos aflitos, enxugai nossas lágrimas nos momentos de aflição (repetir três vezes).

9º Dia

Jesus está vivo

Em nome do Pai, e do Filho, e do Espírito Santo. Amém.

Salmo 121

Fiquei alegre, quando me disseram:
"Vamos à casa do Senhor!"
E agora se detêm nossos pés às tuas portas, Jerusalém!
Jerusalém é construída como cidade sólida e compacta.
É para lá que sobem as tribos, as tribos do Senhor,
segundo a lei de Israel, para louvar o nome do Senhor.

Pois lá estão os tribunais de justiça,
os tribunais da casa de Davi.
Desejai a paz para Jerusalém: vivam em paz os que te amam;
haja paz nos teus muros, segurança nos teus palácios.

Por amor a meus irmãos e a meus amigos eu direi:
"Paz para ti!"
Por amor à casa do Senhor, nosso Deus,
te desejo a felicidade.

Meditação

"No primeiro dia da semana, bem de madrugada, quando ainda estava escuro, Maria Madalena foi ao túmulo e viu que a pedra tinha sido retirada do túmulo. Ela saiu correndo e foi se encontrar com Simão Pedro e com o outro discípulo, aquele que Jesus mais amava. Disse-lhes: 'Tiraram o Senhor do túmulo e não sabemos onde o colocaram'. Pedro e o outro discípulo saíram e foram ao túmulo. Os dois corriam juntos, e o outro discípulo correu mais depressa, chegando primeiro ao túmulo. Inclinando-se, viu as faixas de linho no chão, mas não entrou. Simão Pedro, que vinha seguindo, chegou também e entrou no túmulo. Ele observou as faixas de linho no chão, e o pano que tinha coberto a cabeça de Jesus: este pano não estava com as faixas, mas enrolado num lugar à parte. O outro discípulo, que tinha chegado primeiro ao túmulo, entrou também, viu e creu. De fato, eles ainda não tinham compreendido a Escritura segundo a qual ele devia ressuscitar dos mortos. Os discípulos, então, voltaram para casa. Maria tinha ficado perto do túmulo, do lado de fora, chorando. Enquanto chorava, inclinou-se para olhar dentro do túmulo. Ela enxergou dois anjos, vestidos de branco, sentados onde tinha sido posto o corpo de Jesus, um à cabeceira e outro aos pés. Os anjos perguntaram: 'Mulher, por que choras?' Ela respondeu: 'Levaram o meu Senhor e não sei onde o colocaram'. Dizendo isto, Maria virou-se para trás e enxergou Jesus, de pé, mas ela não sabia que era Jesus. Jesus perguntou-lhe: 'Mulher, por que choras? Quem procuras?'

Pensando que fosse o jardineiro, ela disse: 'Senhor, se foste tu que o levaste, dize-me onde o colocaste, e eu irei buscá-lo'. Então, Jesus falou: 'Maria!' Ela voltou-se e exclamou, em hebraico: 'Rabûni!' (que quer dizer: Mestre). Jesus disse: 'Não me segures, pois ainda não subi para junto do Pai. Mas vai dizer aos meus irmãos: subo para junto do meu Pai e vosso Pai, meu Deus e vosso Deus'. Então, Maria Madalena foi anunciar aos discípulos: 'Eu vi o Senhor', e contou o que ele lhe tinha dito" (Jo 20,1-18).

Oração

São Gabriel Arcanjo, a ressurreição de Jesus é a nossa vitória. Ele está vivo no meio de nós. É nosso rochedo e nossa salvação.

Queremos vos agradecer, São Gabriel, por todos os benefícios que recebemos durante esta novena. Em comunhão com Jesus, venceremos as trevas da morte e contemplaremos a face do Pai na Jerusalém celeste.

São Gabriel, permanecei ao nosso lado. Que a paz do Cristo ressuscitado reine em nosso coração (repetir três vezes).

Terço a São Gabriel Arcanjo

Canto

Manda teus anjos

(Pe. Agnaldo José/Pe. Paulo Sérgio de Souza – *Rosário dos Arcanjos*, Paulinas/COMEP)

Manda teus anjos neste lugar.
Manda teus anjos aqui, Senhor.
Para curar e libertar.
Manda teus anjos, Deus de amor.

São Miguel, o Defensor,
São Gabriel, força do Senhor,
São Rafael, libertador,
Manda teus anjos aqui, Senhor.

OUÇA NO SPOTIFY

OUÇA NO YOUTUBE

Em nome do Pai, e do Filho, e do Espírito Santo. Amém.

Creio

Creio em Deus Pai, todo-poderoso, criador do céu e da terra. E em Jesus Cristo, seu único Filho, nosso Senhor, que foi concebido pelo poder do Espírito Santo; nasceu da Virgem Maria; padeceu sob Pôncio Pilatos, foi crucificado, morto e sepultado. Desceu à mansão dos mortos; ressuscitou ao terceiro dia, subiu aos céus; está sentado à direita de Deus Pai, todo-poderoso, donde há de vir a julgar os vivos e os mortos. Creio no Espírito Santo, na Santa Igreja Católica, na comunhão dos Santos, na remissão dos pecados, na ressurreição da carne, na vida eterna. Amém.

Pai-Nosso

Pai nosso que estais nos céus, santificado seja o vosso nome; venha a nós o vosso Reino, seja feita a vossa vontade, assim na terra, como no céu. O pão nosso de cada dia nos dai hoje; perdoai-nos as nossas ofensas, assim como nós perdoamos a quem nos tem ofendido; e não nos deixeis cair em tentação, mas livrai-nos do mal. Amém.

Ave-Maria

Ave, Maria, cheia de graça, o Senhor é convosco, bendita sois vós entre as mulheres, e bendito é o fruto do vosso ventre, Jesus. Santa Maria, Mãe de Deus, rogai por nós, pecadores, agora e na hora de nossa morte. Amém (*rezar três vezes*).

Primeiro mistério

Pai nosso...

*São Gabriel, amado do coração de Maria,
Ensinai-nos a viver como filhos de Deus (rezar dez vezes).*

Glória ao Pai...

Nossa Senhora, Rainha dos anjos, rogai por nós.

Segundo mistério

Pai nosso...

*São Gabriel, conforto dos necessitados,
Consolai os pobres, os doentes e os aflitos (rezar dez vezes).*

Glória ao Pai...

Nossa Senhora, Rainha dos anjos, rogai por nós.

Terceiro mistério

Pai nosso...

*São Gabriel, esperança no sofrimento,
Renovai nossas forças com os dons de Deus (rezar dez vezes).*

Glória ao Pai...

Nossa Senhora, Rainha dos anjos, rogai por nós.

Quarto mistério

Pai nosso...

*São Gabriel, fiel mensageiro do céu,
Fazei de nós anunciadores do Evangelho (rezar dez vezes).*

Glória ao Pai...

Nossa Senhora, Rainha dos anjos, rogai por nós.

Quinto mistério

Pai nosso...

São Gabriel, protetor da Sagrada Família,
Concedei-nos a união, o amor e o perdão (rezar dez vezes).

Glória ao Pai...

Nossa Senhora, Rainha dos anjos, rogai por nós.

Salve-Rainha

Salve, Rainha, Mãe de misericórdia, vida, doçura e esperança nossa, salve! A vós bradamos os degredados filhos de Eva, a vós suspiramos, gemendo e chorando, neste vale de lágrimas. Eia, pois, Advogada nossa, esses vossos olhos misericordiosos a nós volvei, e depois deste desterro mostrai-nos Jesus, bendito fruto de vosso ventre, ó clemente, ó piedosa, ó doce sempre Virgem Maria.

Rogai por nós, Santa Mãe de Deus. Para que sejamos dignos das promessas de Cristo. *Amém.*

Oremos: São Gabriel, arcanjo da encarnação, fiel mensageiro de Deus, abri nossos ouvidos para as mais leves admoestações e toques da graça, vindos do coração de Nosso Senhor. Permanecei sempre conosco. Nós vos suplicamos a compreensão da Palavra de Deus, para que sigamos suas inspirações e docilmente cumpramos aquilo que Deus espera de nós. Fazei que estejamos sempre prontos, vigilantes, para que o Senhor, quando passar por nós, não nos encontre dormindo. Amém.

Canto final

Santos anjos do Senhor

(Pe. Agnaldo José/Pe. Paulo Sérgio de Souza – *Rosário dos Arcanjos*, Paulinas/COMEP)

Santos anjos do Senhor, que desceram lá do céu,
Enviados pelo Pai, estão no meio de nós.

Vem nos libertar,
Vem nos defender,
Vem nos consolar,
Vem nos proteger.

OUÇA NO SPOTIFY

OUÇA NO YOUTUBE

Rua Dona Inácia Uchoa, 62
04110-020 – São Paulo – SP (Brasil)
Tel.: (11) 2125-3500
http://www.paulinas.com.br – editora@paulinas.com.br
Telemarketing e SAC: 0800-7010081